I'm *Crafty*

and

I *Know It!*

Your Own Personal Craft Journal

Created by Donna P. Walker

Published by Better Days Publishing

Cover Design by TooLoo

ISBN: 151410105X
ISBN-13: 978-1514101056

I'm Crafty and I Know It!

This Personal Craft Journal Belongs To:

On This Day:

Dedication:

To my partners in craft: Jennifer Symlor, Jacqueline Porter
and
Francine Mitchell

I'm Crafty and I Know It!

Your Own Personal Craft Journal

I'm Crafty and I Know It!

Your Own Personal Craft Journal

I'm Crafty and I Know It!

Your Own Personal Craft Journal

Your Own Personal Craft Journal

Your Own Personal Craft Journal

Your Own Personal Craft Journal

Your Own Personal Craft Journal

Your Own Persoanl Craft Journal

Your Own Personal Craft Journal

Your Own Personal Craft Journal

I'm Crafty and I Know It!

Your Own Personal Craft Journal

Your Own Personal Craft Journal

Your Own Personal Craft Journal

I'm Crafty and I Know It!

Your Own Personal Craft Journal

Your Own Persoanl Craft Journal

Your Own Personal Craft Journal

Your Own Personal Craft Journal

Your Own Personal Craft Journal

Your Own Personal Craft Journal

Your Own Personal Craft Journal

I'm Crafty and I Know It!

Your Own Persoanl Craft Journal

Your Own Personal Craft Journal

Your Own Personal Craft Journal

Your Own Personal Craft Journal

Your Own Personal Craft Journal

Your Own Personal Craft Journal

Your Own Personal Craft Journal

Your Own Personal Craft Journal

Your Own Personal Craft Journal

Your Own Persoanl Craft Journal

Your Own Personal Craft Journal

Your Own Personal Craft Journal

Your Own Personal Craft Journal

Your Own Personal Craft Journal

Your Own Personal Craft Journal

Your Own Personal Craft Journal

Your Own Personal Craft Journal

Your Own Personal Craft Journal

Your Own Personal Craft Journal

Your Own Personal Craft Journal

I'm Crafty and I Know It!

Your Own Personal Craft Journal

Your Own Personal Craft Journal

Your Own Personal Craft Journal

Your Own Personal Craft Journal

Your Own Personal Craft Journal

Your Own Personal Craft Journal

I'm Crafty and I Know It!

Your Own Personal Craft Journal

Your Own Personal Craft Journal

I'm Crafty and I Know It!

Your Own Personal Craft Journal

Your Own Personal Craft Journal

I'm Crafty and I Know It!

Your Own Personal Craft Journal

Your Own Personal Craft Journal

I'm Crafty and I Know It!

Your Own Personal Craft Journal

I'm Crafty and I Know It!

Your Own Personal Craft Journal

I'm Crafty and I Know It!

Your Own Personal Craft Journal

Your Own Personal Craft Journal

Your Own Personal Craft Journal

Your Own Personal Craft Journal

Your Own Personal Craft Journal

Your Own Personal Craft Journal

Your Own Personal Craft Journal

Your Own Personal Craft Journal

Your Own Personal Craft Journal

Your Own Personal Craft Journal

Your Own Personal Craft Journal

Your Own Personal Craft Journal

Your Own Personal Craft Journal

Your Own Personal Craft Journal

Your Own Persoanl Craft Journal

Your Own Personal Craft Journal

Your Own Personal Craft Journal

Your Own Personal Craft Journal

I'm Crafty and I Know It!

Your Own Personal Craft Journal

Your Own Personal Craft Journal

Your Own Personal Craft Journal

Your Own Personal Craft Journal

Your Own Personal Craft Journal

Your Own Personal Craft Journal

Your Own Personal Craft Journal

I'm Crafty and I Know It!

Your Own Personal Craft Journal

Your Own Personal Craft Journal

Your Own Personal Craft Journal

Your Own Personal Craft Journal

Your Own Personal Craft Journal

Pictures of your craft projects here

Picture of your craft projects here

49286564R00123

Made in the USA
Charleston, SC
22 November 2015